AF312960

Dʳ Marcel BAUDOUIN.

Paris.

L'ACHEULÉEN ET LE MOUSTÉRIEN DE VENDÉE.

(TROISIÈME MÉMOIRE).

Comptes rendus

de l'*Association française pour l'Avancement des Sciences.*

CONGRÈS DE TUNIS — 1913.

PARIS

SECRÉTARIAT DE L'ASSOCIATION,

(Hôtel des Sociétés savantes)

RUE SERPENTE, 28.
—
1914

ASSOCIATION FRANÇAISE
POUR L'AVANCEMENT DES SCIENCES

Fusionnée avec
L'ASSOCIATION SCIENTIFIQUE DE FRANCE
(Fondée par Le Verrier en 1864).

CONGRÈS DE TUNIS. — 1913.

M. LE Dr MARCEL **BAUDOUIN,**
Paris.

L'ACHEULÉEN ET LE MOUSTÉRIEN DE VENDÉE.
(Troisième Mémoire).

571 (12.31) (44.61)

24 *Mars.*

Depuis plusieurs années, grâce à la subvention qui m'a été accordée sur le Legs Girard par l'Association, j'ai pu me consacrer à des recherches longues, approfondies et coûteuses, sur les restes préhistoriques laissés en Vendée par l'Homme des *Époques géologiques,* c'est-à-dire du *Quaternaire inférieur.*

Dans un premier et important Mémoire (¹), j'ai exposé l'état de la question à la fin de 1912. Dans un second Mémoire, j'ai parlé du *Chelléen* (²). Dans ce troisième travail, je fais connaître des découvertes récentes, qui viennent compléter mon premier exposé pour l'*Acheuléen* et le *Moustérien*; justifier mes conclusions antérieures et démontrer que j'avais grandement raison de soutenir alors que le PALÉOLITHIQUE INFÉRIEUR et MOYEN était désormais *très nettement représenté* en Vendée, alors que jadis son existence était presque niée, ou tout au moins presque inconnue et très discutée.

Mais, jusqu'à présent, par contre, nous ne savons à peu près rien du PALÉOLITHIQUE SUPÉRIEUR. Les trouvailles de cette nature (de l'*Aurignacien* au *Tardenoisien*) restent toujours des plus problématiques et des plus douteuses !

Certes, il y a bien quelques pièces, qui, à la rigueur, peuvent être *Auri-*

(¹) Marcel BAUDOUIN, *Le Paléolithique inférieur de la Vendée (Chelléeen et Acheuléen). Congrès préhistorique de France,* Angoulème, 1912. Paris, 1913, in-8°, (*Voir* p. 277). — *Le Paléolithique moyen en Vendée (Moustérien). Ibid.* (*Voir* p. 322). — TIRÉ A PART : *Le Paléolithique inférieur et moyen en Vendée.* Paris, 1913, in-8°, S. P. F., 76 p., 34 fig.

(²) Marcel BAUDOUIN, *Le Chelléen de Vendée (Trouvailles nouvelles) (2° Mémoire). Congr. préh. France,* Lons-le-Saunier, 1913. Paris, 1914.

B.   1

gnaciennes et que j'ai signalées dans le 1ᵉʳ travail cité ci-dessus (¹). Mais, en somme, il n'y a rien de prouvé à ce sujet et le *Solutréen* et le *Magdalénien* demeurent toujours inconnus pour la Vendée (²).

Cela tient-il à ce qu'à cette époque il n'a pu y exister, à cause d'une TRANSGRESSION MARINE, ayant amené la *submersion* de presque tout le rivage atlantique, jusqu'à une *altitude* de plus de 100 m, comme certains le croient (conséquence de la dernière grande PÉRIODE GLACIAIRE, dite *Wurmienne*), cela est très possible. Mais, avant de conclure d'un fait négatif à une hypothèse de cette importance, il convient d'attendre encore un peu le résultat des recherches des chercheurs locaux, qui, d'un jour à l'autre, pourraient bien renverser cette théorie, comme un ... château de cartes....

Quoi qu'il en soit de ces réflexions, l'ACHEULÉEN et le MOUSTÉRIEN, dont chaque mois on trouve des spécimens nouveaux, prennent de jour en jour plus d'importance; et voici l'exposé des récentes découvertes, dont nous venons d'avoir connaissance, grâce à nos correspondants locaux.

I. — PALÉOLITHIQUE INFÉRIEUR.

Il comprend, on le sait, le CHELLÉEN et l'ACHEULÉEN, car, en Vendée, on ignore encore tout du PRÉCHELLÉEN.

Je n'ai rien à dire de bien nouveau à propos des Outils du Chelléen; et, pour ce qui concerne la *faune* (³), je renvoie à un autre récent mémoire (⁴).

Il n'en est pas de même pour l'*Acheuléen* !

(¹) En particulier : 1° La *lame* de la Collection Chartron, trouvée à Saint-Cyr-en-Talmondais (TIRÉ A PART, 1913, *loc. cit.*, p. 58, note 2); 2° Le *Nucléus* de Faymoreau (Coll. Bourrasseau, *loc. cit.*, p. 66, note 2). — Au Musée de la Société Préhistorique Française, à Paris, il y a une *lame*, classée dans le *Paléolithique* (Coll. Ch. Schleicher), absolument semblable à celle de la collection Chartron !

(²) J'ajoute que, récemment, j'ai vu, dans la Collection Ph. Rousseau, une pièce trouvée au *Petit-Lundi*, de *Simon-la-Vineuse*, qui peut être à la rigueur de l'*Aurignacien* (quoique d'aspect *néolithique*). Il s'agit d'une lame, à bords ébréchés, en silex blanchâtre, épaisse de 5 mm, longue de 60 mm, arge de 20 mm, ressemblant à un Grattoir sur bout de lame.

(³) A propos des Ossements découverts jadis à Xanton-Chassenon et signalés dans mon premier Mémoire (TIRÉ A PART, in-8°, 1913, p. 12), j'ai trouvé, récemment, le passage suivant dans un admirable travail, déjà ancien, de l'ingénieur des Mines Henri Fournel [*Étude des gîtes houillers et métallifères du Bocage vendéen* (Mission de 1834-1835). Paris, I. R., in-4°, 1836 (*Voir* p. 169, Note de la page 51); atlas] : « Les ossements trouvés dans la *carrière de l'Aiguille* (entre Chassenon et Xanton) sont enfouis à trois ou quatre décimètres de profondeur dans une *argile* jaunâtre calcarifère, qui repose immédiatement sur le calcaire, dans lequel on observe des *Térébratules* et quelques *Ammonites;* il a été rencontré : 1° un os de 1 m, 30 de longueur environ, ayant à peu près la forme d'une mâchoire de *Baleine*; 2° un fragment, paraissant appartenir à l'épine dorsale d'un *Cétacé* et d'environ 1 m de longueur. Le premier de ces os est déposé chez M. de la Fontenelle, Conseiller à la Cour royale de Poitiers; il serait à désirer qu'il voulut bien le réunir à la Collection de Bourbon-Vendée, sous le n° 226 *bis*; le second morceau a été brisé quand on a voulu l'extraire. » J'ignore le sort du spécimen ayant appartenu à M. A.-D. de la Fontenelle de Vaudoré.

(⁴) Marcel BAUDOUIN, *La Faune des Époques chelléenne et acheuléenne en Vendée* (*Homme préhistorique*, Paris, 2ᵉ série, t. I, n° 9, septembre 1913, p. 286-296, 3 fig.). — TIRÉ A PART, in-8°, 1913, 10 p., 3 fig.

A. — CHELLÉEN.

I. — VALLÉE DE LA SÈVRE NANTAISE.

LA POMMERAYE-SUR-SÈVRE. — J'ai cité, antérieurement déjà, une pièce de la Collection Edmond Bocquier, inspecteur primaire, à Bressuire (Deux-Sèvres), provenant de la vallée de la Sèvre-Nantaise, et trouvée entre *La Pommeraye-sur-Sèvre* (Vendée) et Saint-Amand-sur-Sèvre ([1]); mais je crois devoir en donner ici la figure, encore inédite (*Fig.* 1).

Elle est en silex *noir, jurassique*. — Elle mesure : longueur 0,11 cm; largeur, 0,074 mm; épaisseur, 0,04 cm. — Son poids est de 310 g.

Il importe de noter les deux *éclats*, circulaires, A et B (*Fig.* 1), qui pa-

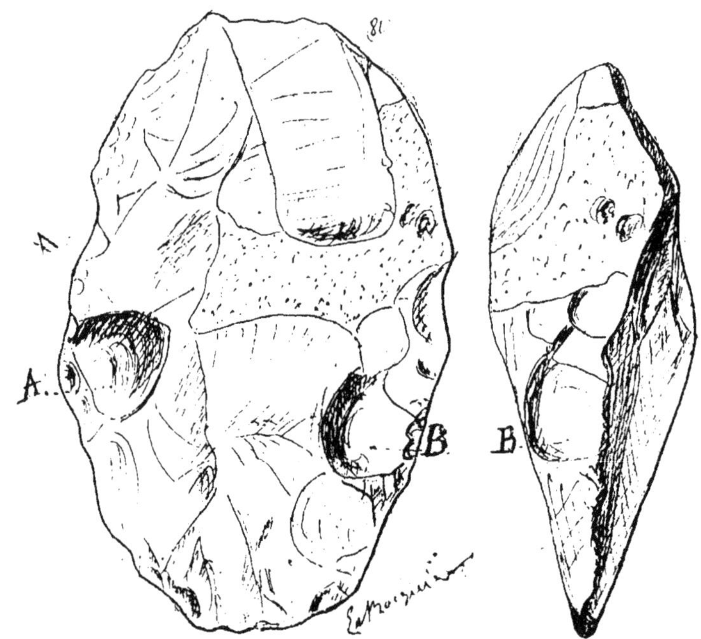

Fig. 1. — COUP-DE-POING CHELLÉEN (*Saint-Amand-sur-Sèvre*).
Échelle : 2/3 grandeur. — Une *face* et un *profil*. — A, B, grands *éclats*.

raissent peut-être *intentionnels* ([2]), mais sont dus plutôt, à ce que je crois, à des *percussions* fortes et violentes. — Il y a, sur les bords, de nombreuses *traces d'utilisation*, au dire de mon excellent ami Edmond Bocquier.

____

([1]) Marcel BAUDOUIN, *Loc. cit.* (*Voir* p. 50, note 2).
([2]) Je ne crois pas qu'ils aient été faits, à dessein, pour assurer une excellente préhension de l'objet.

B. — Acheuléen.

I. — Station de Simon-la-Vineuse.

Dans mon précédent travail, j'ai signalé, pour cette STATION, un superbe *Coup-de-poing* ([1]), triangulaire (OBS. n° I), à laquelle vient s'ajouter la pièce suivante, qui se trouve désormais dans ma Collection ; elle a été récoltée par M. Ph. Rousseau, instituteur.

OBSERVATION N° II (*Pièce* n° II).

1° *Trouvaille.* — SIMON-LA-VINEUSE. — LIEUDIT : *Le Petit-Cadeau*, se trouvant à l'altitude de 5o m environ. — COUP-DE-POING *acheuléen*, triangulaire, trouvé près d'un *rocher* par M. Ph. Rousseau. — Collection personnelle.

2° *Caractères.* — a. *Poids* : 188 g.

b. Dimensions : Longueur maximum (partie cassée comprise), 110 mm. Largeur maximum, 85 mm. Épaisseur maximum, 16 mm.

L'Indice de Largeur est : $\dfrac{85 \times 100}{110} = 77,27$. — L'indice d'Épaisseur est : $\dfrac{16 \times 100}{110} = 14,50$.

c. Roche. — Silex *bleuâtre*, à patine différente suivant les faces. La face bombée a une *patine bleue* très pâle ; la face aplatie a une *platine blanchâtre*. Cette patine est celle des pièces ayant séjourné *sur le sol* et n'ayant pas été à l'eau ([2]).

Les deux faces ont toutes deux des traces de *rouille*, très marquées, indiquées sur la figure (*Fig.* 2 ; R), et abondantes. Ces traces ne sont pas dues à la charrue, en raison de leur disposition *tout le long des arêtes les plus saillantes* et de leur situation (parties saillantes), mais à un contact avec des pyrites du sous-sol.

3° *Description.* — a. Le *sommet* (*Fig.* 2 ; S, S′) paraît avoir été cassé à l'époque acheuléenne, car la cassure est là patinée et bleuâtre.

b. Un *bord* (B²) présente une entaille profonde (E), qui n'est pas patinée du tout et qui paraît plus récente.

c. La *face bombée* (F. B.), épaisse de 10 mm sur 16 mm (III), est assez finement taillée ; mais pourtant ce n'est pas le travail élégant et fin des beaux coups-de-poing triangulaires classiques de la fin de la période (I).

On y voit une *ligne de faîte* (*Fig.* 2 ; MN) ; mais elle est à peine marquée

---

([1]) Ce coup-de-poing présente une patine spéciale ; il est *très luisant* et un peu onctueux au toucher. Cette pièce semble par suite avoir séjourné dans l'eau pendant assez longtemps.

([2]) Par conséquent, les deux coups-de-poing de Simon-la-Vineuse sont d'aspect très différent, d'après la note ci-dessus.

et très peu saillante. En effet à la coupe, au point *d* (*Fig.* 2 ; I), c'est-à-dire au point même de la ligne de faîte, l'épaisseur n'est pas plus grande qu'en *b* ; ce qui signifie que la coupe est *arrondie* en réalité, et non triangulaire. Un gros éclat de taille, assez profond, est à signaler en D.

En C,C, *éclats d'utilisation*, sans aucune espèce de patine : ce qui sem-

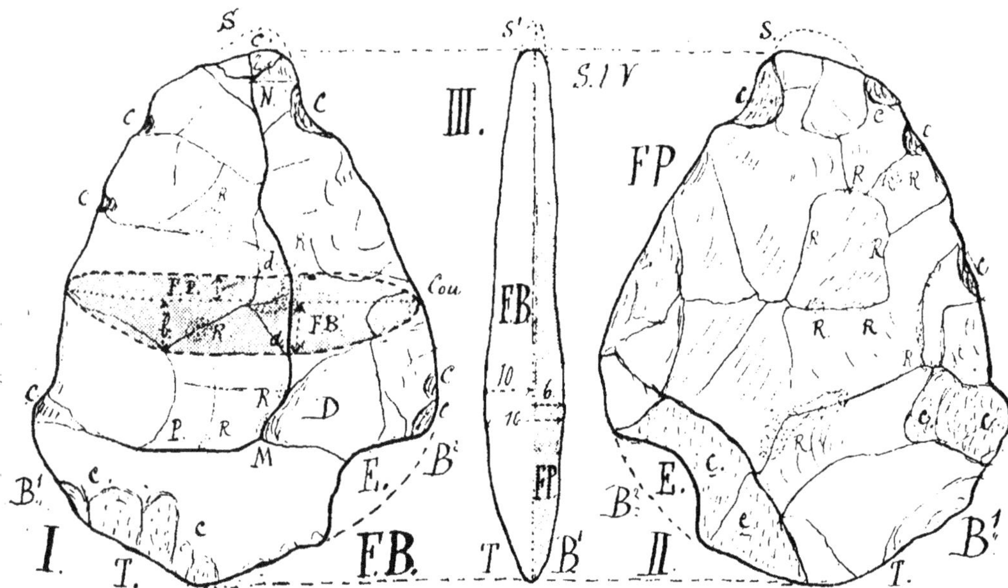

Fig. 2. — Coup-de-Poing. — *Simon-la-Vineuse.* — Échelle : $\frac{2}{3}$ grandeur. — *Légende :* I, Une face ; — II, L'autre face ; — III, Profil ; — S, S', Sommet ; — FB, Face bombée ; — FP, Face aplatie ; — T, Talon ; — B¹, B², Bords ; — E, Entaille ; — D, Éclat de taille ; — C, C, Éclats d'utilisation ; — R, Taches de Rouille ; — T, Talon ; — MN, Ligne de faîte ; — *Cou., Coupe transversale.*

blerait indiquer que la pièce a été *réutilisée* à une époque plus récente ; mais ce n'est pas certain. Taches de rouille (R), assez nombreuses.

d. La *face aplatie* (II ; F. P.) n'a pas de ligne de faîte du tout. Elle est taillée à grands éclats, peu profonds.

De nombreux *éclats d'utilisation*, non patinés (C) également, se voient sur ses bords. Peut-être cette absence de patine d'utilisation aux éclats est-elle due au terrain.

Elle est très peu épaisse et ne dépasse pas 6 mm (*Fig.* 2 ; III ; F. P) sur 16 mm d'épaisseur totale.

Elle présente de nombreuses taches de rouille (R.), surtout aux arêtes des éclats de taille.

e. Le *talon* (T.), au lieu d'être *épais*, comme sur les coups-de-poings moustériens typiques, est au contraire *aminci;* il est ici presque aussi mince que la pointe de l'outil ; ce qui semble indiquer que celui-ci travaillait surtout par *ses bords*, plutôt que par sa pointe (*Fig.* 2 ; III).

4° Réflexions. — Ce qui distingue ces coups-de-poing *triangulaires* aplatis des coups-de-poing du Moustérien *ancien, taillés sur les deux faces*, c'est surtout la non-existence d'une ligne de faite *très marquée* sur leur face bombée; et le talon aminci.

Certes, on peut voir, sur cette pièce, en MN, l'existence d'une faible ligne de faîte de cette sorte; mais elle est ici à peine sensible en réalité, si bien qu'à la coupe transversale de l'objet (*Fig.* 2; I; *Cou.*) on ne la devine qu'avec peine sur la ligne correspondante, très arrondie et non triangulaire.

Sur les coups-de-poing du Moustérien *ancien*, au contráire, cette ligne de faîte, toujours *très nette*, fait une *saillie très marquée*, comme sur les coups-de-poing du *Moustérien typique* ou *moyen*, où elle saute aux yeux.

De plus, pour la *face aplatie*, une ligne de faîte n'existe vraiment pas sur les coups-de-poing acheuléens.

Observation III (*Pièce* n⁰ III).

1⁰ *Trouvaille*. — Commune de *Simon-la-Vineuse*. — *Lieu dit* : Champ

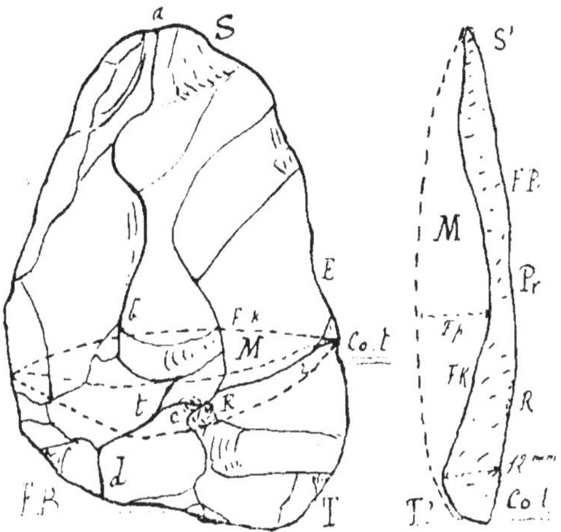

Fig. 3. — Coup-de-Poing. — *Simon-la-Vineuse*. — Échelle : ⅔ grandeur. — *Légende :* FB, Face bombée; — F*p*, Face plate; — S, S', Sommet; — T, T', Talon; — FK, Partie éclatée; — *a, b, c, t, d*, Ligne de faite; — Cou. t., Coupe transversale; — R, Taches de Rouille; — M, Partie disparue; — P*r*, Profil actuel; — E, Échancrure.

près de *La Gravelle* (¹). Altitude de 5o m. environ. — Coup-de-poing *acheuléen*, triangulaire, trouvé dans un champ labouré.

Pièce malheureusement divisée en deux par une fente longitudinale et un éclatement total, et dont il ne persiste que la face bombée (*Fig. 3*).

Cassure. — Cette brisure semble *moins ancienne* que la pièce, en raison

______

(¹) A *La Gravelle* on en a trouvé déjà d'autres.

de la différence de patine de la face bombée et de la cassure; mais la patine de celle-ci et quelques taches de rouille indiquent que cet accident est très ancien, peut-être même de la période d'utilisation de l'outil, ou tout au moins paléolithique.

Découverte de M. Th. Rousseau. — Collection personnelle.

2° *Caractères.* — *a. Poids* (actuel) : 70 g. — Entière, elle devait peser au moins 150 g.

b. Dimensions. — Longueur maximum : 85 mm. Largeur maximum : 60 mm. Épaisseur (actuelle) : 16 mm. — Entière, elle devait atteindre 18 mm à 20 mm (*Fig. 3*; Pr).

Indice de Largeur : $\dfrac{60 \times 100}{85} = 70.$ » — L'indice d'épaisseur ne peut pas être calculé.

c. Roche. — *Silex bleuâtre.* — La face bombée, intacte, a une patine blanc rosé, très pâle (F. B.). La cassure a une patine, qui n'est ni onctueuse ni lisse, comme celle de l'autre face; elle ressemble à celle des pièces néolithiques de la région, quoiqu'elle soit beaucoup plus foncée et plus nette. Ce qui me fait croire que l'éclatement en deux lamelles de la pièce est paléolithique, c'est qu'on semble l'avoir utilisée encore après la cassure.

Traces de *rouille* sur la face bombée, au point le plus saillant (*Fig. 3*; R), à l'arête R*r* et à la face de brisure.

3° *Description.* — *a. Sommet* (SS') très mince, en feuille de papier, par suite de l'éclatement.

b. Pas de véritable *encoche*, malgré l'échancrure du *bord* droit en E. — Pourtant on a l'impression que l'éclatement a pu être la conséquence d'une forte *pression* sur ce bord, car on voit des éclats en ce point, sur la cassure.

c. Face bombée. — Épaisse de 12 mm. (*Fig. 3*; Pr.), très bien taillée par éclats, partant du bord droit. Ligne de faîte, mal dessinée, en *a, b, c, d* (*Fig. 3*; F. B.).

d. La face de cassure est très creuse au centre (*Fig. 3*; F. K.), avec des saillies, correspondant au talon et au bord gauche de la face bombée. Rien d'intéressant à signaler. Taches de rouille en deux points·

e. Talon. — Régulier et nettement *aminci* (ce qui élimine le diagnostic de coup-de-poing moustérien), en pente douce, par une taille typique.

4° *Réflexions.* — Cette pièce, moins grande que la précédente, est aussi typique. Elle est plus allongée cependant (d'où l'*Indice* de 70.», au lieu de 77.») et ressemble plutôt à un triangle isoscèle qu'à un équilatéral. La taille est peut-être plus *fine*, d'ailleurs.

Si cette pièce n'avait pas éclaté et ne s'était pas divisée en deux parties, comme les deux feuillets, épais et comme collés, d'un livre qu'on désassemblerait en les trempant dans l'eau, on aurait une pièce intermédiaire entre la précédente et une autre, antérieurement décrite.

Certes, ces trois coups-de-poing de Simon-la-Vineuse ne sont peut-être pas aussi élégants et aussi minces que ceux de la Collection Mandin, qui proviennent des environs de Mareuil-sur-le-Lay ; mais, malgré cela, leur ensemble constitue un indice très important, en ce qui concerne l'existence d'un Centre Acheuléen au confluent de la Smagne et du Lay.

OBSERVATION IV (Pièce n° IV).

Lame utilisée [Couteau]. — Je place également dans l'Acheuléen une autre pièce de ma Collection, qui m'a été remise aussi par M. Ph. Rousseau, instituteur à Simon-la-Vineuse, et qui a été trouvée dans des rochers voisins du lieu dit de Saint-Lunaire (Altitude de 100 m environ).

a. Époque. — Certes, elle pourrait être, au point de vue technologique, classée aussi bien dans le Moustérien! Mais je la décris dans ce paragraphe, parce que : 1° la roche et la patine ([1]) sont absolument semblables à la roche et à la patine du premier Coup-de-poing acheuléen de Simon-la-Vineuse, que j'ai décrit ailleurs; 2° parce que les Silex moustériens de cette station ne ressemblent en rien, comme roche et patine, à cette pièce n° IV.

b. Description. — C'est une sorte d'Éclat Levallois, assez petit, cassé à l'une de ses extrémités, de 55 mm de largeur maximum, de 10 mm d'épaisseur maximum, et qui devait avoir environ 90 mm de long.

La cassure est de deux sortes : une partie est ancienne, puisqu'elle est patinée; l'autre est moderne. Les bords de cette lame n'ont pas été taillés; mais des retouches d'utilisation sont bien nettes, sur tout le pourtour de cette pièce, qui ne pèse que 45 g. Elle a dû servir de Couteau.

A l'intérieur le silex est gris noirâtre. La patine est superbe, très lisse et d'une belle teinte rosée; elle est très ancienne et très caractéristique.

Conclusions. — Il n'est pas douteux, dès lors, qu'il y ait bien, à Simon-la-Vineuse, une Station Acheuléenne.

II. — Paléolithique moyen : Moustérien.

Pour cette époque, nous avons de nombreuses trouvailles, toutes récentes et inédites, à signaler. — Voici les principales, toujours classées par Vallées, comme nous le faisons toujours.

I. — Stations moustériennes de la Sèvre Nantaise.

1. — Tiffauges. — 1° Coup de poing : Triple Grattoir. — A. Détermination. — Petite pièce des plus intéressantes, aujourd'hui dans ma

---

([1]) Patine indiquant un séjour dans l'eau pendant longtemps.

Collection, trouvée par M. Ph. Rousseau (de Simon-la-Vineuse). Je la classe à la *fin* du MOUSTÉRIEN *ancien*, car elle est intermédiaire entre les coups-de-poing classiques du Moustérien type et ceux, d'allure acheuléenne, du Moustérien ancien. — Elle est caractérisée par ce fait qu'elle présente une *face d'éclatement*, qui a été obtenue d'*un seul coup* au point de frappe, mais qui a été retouchée fortement ensuite à la *périphérie*. — Elle est caractérisée aussi par son épaisseur, et par l'existence d'une ligne de faîte très marquée, sur sa face bombée ou *taillée* (*Fig.* 4; I).

B. *Description.* — 1º *Localité.* — Elle a été récoltée, près du Château, à Tiffauges (Vendée), c'est-à-dire sur la rive gauche ou *vendéenne* de la Sèvre Nantaise, à une altitude élevée (environ 110 m), autrement dit au sommet du plateau de cette rive.

2º *Roche.* — Elle est en silex *rose* clair, *gris*, à grain fin. Elle est à peine patinée par places; et cette patine est blanc jaunâtre. Une pièce, déjà trouvée à Tiffauges, semble être en silex analogue (Amande).

3º *Caractères.* — Le *poids* est de 77 g. *Volume*: 2,5 cl. *Densité* : 3,08. Les *dimensions* sont les suivantes : Longueur maximum, 70 mm. Largeur maximum, 53 mm. Épaisseur maximum (sommet ou partie la plus saillante), 18 mm.

D'où les Indices : *Indice de Largeur* $= \dfrac{53 \times 100}{70} = 75,11.$ — *Indice d'Épaisseur* $= \dfrac{18 \times 100}{70} = 25,71.$

4º *Étude.* — *a.* Le *sommet* (S) est intact, un peu épais; il correspond à l'extrémité de la ligne de faîte (*s*).

b. Le *talon* n'est pas épais et massif, comme dans les coups-de-poing typiques. Il a été aminci (T, T*a*), sur une étendue de 10 mm, par l'ablation de forts éclats; son bulbe de percussion a également disparu par une taille secondaire (*Fig.* 4; III, *t*).

c. Face bombée. — Elle est taillée à éclats allongés, perpendiculaires aux bords (*Fig.* 4; I). — Elle est divisée en deux parties par une *ligne de faîte* (MN), presque médiane, formant une *crête* très saillante, partant du talon (T aminci), c'est-à-dire à 10 mm de la base, et présentant plusieurs arêtes en barbe de plume, rayonnantes, surtout autour du sommet *aa'* de cette crête. Cette face, à elle seule, représente presque toute l'épaisseur de la pièce et a au moins 12 à 13 mm (II; F. B.).

d. La *face d'éclatement*, ou plate, a été très retouchée à sa périphérie, surtout au niveau du sommet du talon, et de la partie inférieure d'un des bords (E.). Elle n'est intacte qu'à sa partie centrale, sur une ligne oblique 'e haut en bas (*Fig.* 4; III; RLQ), correspondant d'ailleurs à une partie oncave, en gouttière légère. Il semble résulter de cela que les éclats de la ille secondaire (E), qu'on voit près de *t* sur cette face, semblent n'avoir eu pour cause que la nécessité d'*aplanir* davantage et de rendre *assez*

plate une surface d'éclatement primitif, qui devait se présenter en gouttière *très concave*, au lieu d'une surface plane. Par suite la taille secondaire, de cette face ne serait qu'une taille de régularisation de la pièce
(F. P.).

e. Les deux bords (B¹, B²) sont minces, mais peu retouchés sur la face

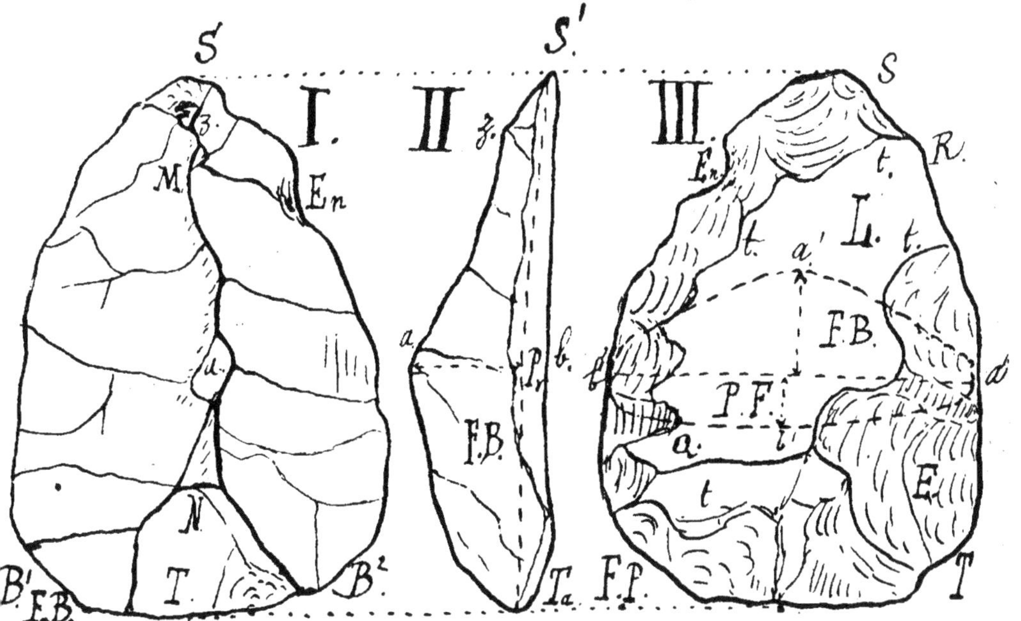

ig. 4. — Coup-de-Poing = Grattoir Triple, *Tiffauges*. — Échelle : Grandeur naturelle. — *Légende :* I, Face
bombée (F. B.) ; — II, *Profil* ; — III, Face *aplatie* (F. P.) ; — M, N, Ligne de faite ; — T, Ta, *t*, Talon ;
— S, S', Sommet ; — E*n*, *Encoche* ; — *a*, Faite de la pièce ; — *a*, *b*, Point de la *coupe transversale* (*a'*
a'', *b'*, *b''*) ; — RLQ, Surface *d'éclatement* ; — E, Éclat de taille ; — *z*, Extrémité de la ligne de faite, au
sommet.

bombée ; leurs retouches se voient surtout sur la face plane (III), en
raison de ce que je viens de signaler.

C. Utilisation. — Quelques petites *Encoches d'utilisation* ne sont
pas patinées et montrent un silex rose foncé. Il y en a *une* sur chaque
bord et une au talon (E). Cela semble indiquer qu'ici le talon a dû
servir comme un bord. — Cette pièce ne serait donc en réalité qu'un
triple Grattoir, ou qu'un *Grattoir* à triple lame ! — On sait d'ailleurs que
c'est le rôle qu'on attribue désormais aux Coups-de-poing moustériens
(*double Grattoir*).

2º Lame-couteau. — Trouvée sous un rocher, près de la Crume,

à Tiffauges, par M. Ph. Rousseau. Collection personnelle. Éclats de silex
à patine blanche, à dos peu épais, à tranchant ayant servi (retouches
d'utilisation), très mince (0,060 × 0,030 × 0,008), sans grand intérêt.

2. MONTAIGU. — A Montaigu, sur les bords de la *Maine*, M. Ph. Rousseau a récolté une sorte de petite POINTE, qui peut être *moustérienne*.

Elle a une face plate et une face taillée, surtout aux deux bouts, avec
un peu d'écorce.

S'il s'agit bien d'un objet de l'époque du Moustier, cette pièce est
intéressante et à rapprocher de celle de Cugand, de la Collection Mignen.

3. SAINT-MESMIN-LE-VIEUX. — En 1913, mon excellent ami, M. le D^r

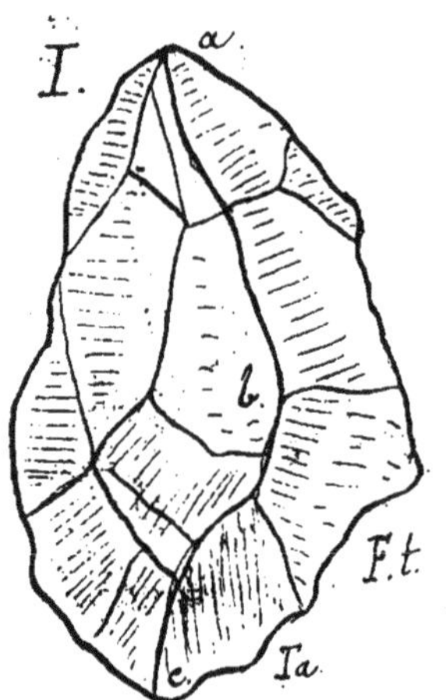

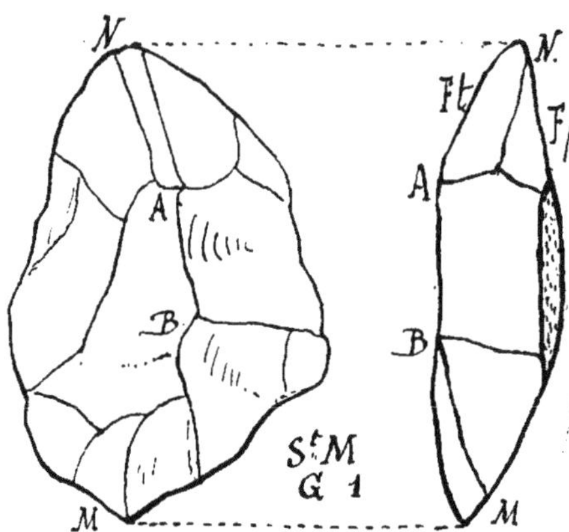

Fig. 5. — RACLOIR. — *La Glamière*, Saint-Mesmin-le-Vieux. — Échelle : grandeur naturelle.— I, Face *bombée* (F t.).— II, Coupe *transversale*. — F., *p.*, Face plate; — *a, b, c,* Ligne de faîte; — *Ta, Talon.*

Fig. 6. — Le même RACLOIR. — *La Glamière,* Saint-Mesmin-le-Vieux. — Échelle : ⅔ grandeur. — *Légende :* Ft, Face taillée; — F*p* Face *plate* d'éclatement; — MN, Profil; — AB, Ligne de faîte.

Boismoreau, m'a montré deux pièces, trouvées récemment au milieu d'une
importante Station *néolithique,* qu'il étudie, à *La Glamière,* commune de
Saint-Mesmin-le-Vieux. L'une, au moins, semble d'époque *moustérienne*
et intéressante; J'en reproduis ici le croquis, qu'il m'a remis (*Fig.* 5 et 6).

La Glamière est bien exposée au Midi, sur un coteau atteignant l'altitude de 200 m et se trouve sur la rive nord d'un affluent de la rive ouest
de la Sèvre Nantaise, appelé le *Ruisseau de la Fontaine du Plessis-Foubert,*
lieu dit situé à l'Ouest.

RACLOIR. — La pièce, du poids de 25 gr., mesure 76 mm de longueur, 48 mm de largeur, et 20 mm d'épaisseur. Une face est plane et assez régulière. L'autre face est taillée à grands éclats, avec une ligne de faîte assez nette (*Fig.* 5; *a*, *b*, *c*). Ce doit être un *Racloir* moustérien, de forme un peu fruste (*Fig.* 6; MN).

Remarques. — La patine de la pièce est bien d'aspect *paléolithique*. Nous avons immédiatement distingué cet objet au milieu d'un lot de silex, *à patine très différente*, tous aux formes *néolithiques*, provenant des récoltes de *La Glamière*. — C'est la seule de cette espèce (¹) qui existait dans cet ensemble, que va décrire sous peu M. le Dr E. Boismoreau.

II. — STATIONS MOUSTÉRIENNES DE LA FOURCHE DU LAY.

1. SAINT-JEAN-DE-BEUGNÉ. — NUCLÉUS. — La collection Ph. Rousseau (de Simon-la-Vineuse) renferme un beau *Nucléus* moustérien.

(¹) La collection E. Boismoreau renferme d'autres silex, qui pourraient être considérés par quelques-uns comme paléolithiques, et qui ont été trouvés aussi dans la Station néolothique de La Glamière; 1° Le premier, c'est un *Grattoir circulaire*, très gros, que je crois *néolithique*, en raison de sa *forme* (il n'est pas ovalaire, ni triangulaire, comme les Racloirs moustériens) et surtout de la nature de la roche (silex noir, à masses blanches, comparable au silex de la Craie turonienne) et de l'absence totale de patine (à ce point de vue, il ressemble fortement aux silex noirs de la station *sous-marine* néolithique de Sainte-Gilles-sur-Vie) (*Fig.* 7).

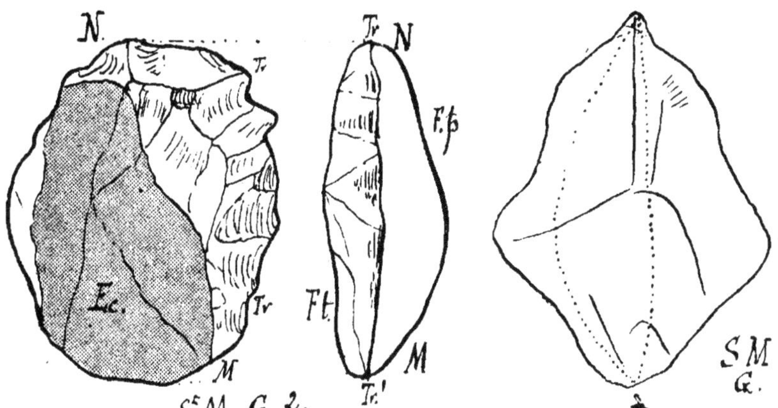

Fig. 7. — GRATTOIR. — *La Glamière,*
Saint-Mesmin-le-Vieux.

Fig. 8. — Un RACLOIR (?),
Néolithique. — *La Glamière.*

La trouvaille de cette pièce, qui est de 1913, me donne même quelques doutes sur l'époque de l'âge du Racloir décrit ci-dessus. Je me demande aujourd'hui s'il ne s'agirait pas seulement d'un *Grattoir néolithique*, à surface *patinée* et *craquelée*, par suite d'un séjour au feu dans l'un des foyers de la station de La Glamière! C'est une question bien difficile à trancher dans les conditions présentes. — 2° La station de La Glamière a fourni aussi une autre pièce, qui simule un éclat moustérien (*Fig.* 8), taillée d'un seul côté, et du poids de 78 gr.; elle ressemble à un éclat bombé, type Levallois, ayant été utilisé, car on y voit une cassure latérale. Mais je la crois du *Campignien* (Type Moulin cassé, de Saint-Martin-de-Brem).

Localité. — Il a été trouvé sur la rive gauche ou sud de la Smagne, *aux Mottes*, de Saint-Jean-de-Beugné (mais à quelques kilomètres seulement de Bessay, station connue), à une altitude d'environ 3o m., près d'une terrasse.

Roche. — Il s'agit d'un silex blanc grisâtre, à peine patiné et aux cassures presque fraîches, probablement originaire du Lias du sous-sol ([1]).

Description. — *Poids* : 555 g. — Ce nucléus, en forme de Disque de 12 cm de diamètre, épais de 3o mm, a été préparé sur les deux faces.

Sur l'une on a enlevé au moins quatre éclats, dont un triangulaire (triangle équilatéral de 8o mm de côté) et une lame de $100 \times 3o$ mm; sur l'autre face, il y a trace de cinq éclats enlevés, dont le plus grand est un triangle de 5o mm de côté. Il persiste encore du cortex, au moins sur une face.

Ce Nucléus, qui n'a pas dû être touché par la *charrue*, vu la fraîcheur de sa patine, a, cependant, des taches de rouilles, dues, évidemment, au fer du sous-sol.

2. Bessay. — 1º Lame retouchée. — M. Ph. Rousseau a trouvé récemment un nouvel éclat, vraiment *moustérien*, à Bessay. Cette pièce, en silex bleuâtre, patinée sur ses deux faces en gris rosé, est un solide et bel éclat, à bulbe de percussion typique sur la face d'éclatement et a sa face bombée pourvue d'une arête de division, due à des éclats antérieurs, laquelle est médiane et très marquée. La pièce est épaisse à sa base; mais elle a un sommet, en pointe de lance, assez large.

La particularité intéressante à noter ici est que, du côté de la *face plane* ou d'éclatement, les deux bords, au voisinage du sommet, mais seulement sur leur moitié correspondante, sont pourvus de très fines *retouches, non patinées* pour la plupart.

On dirait qu'on s'est servi d'un éclat, anciennement fabriqué et *déjà patiné*, pour tenter de faire une *pointe moustérienne* du type évolué, c'est-à-dire du Moustérien supérieur, mais en retouchant sur la face *plane*, à l'inverse de ce qui se voit d'habitude ! En effet, on trouve parfois, dans cette partie de la Vendée, des pièces de ce genre, plutôt exceptionnelles à La Quina, par exemple. — Je ne soupçonne pas pourquoi on a tenu à opérer ainsi dans le cas particulier.

2º Grattoir a encoche (*Pseudo-pointe de lance*). — Cette pièce me paraît discutable et peut être Néolithique. Je ne la cite que pour mémoire.

Une face plane d'éclatement; sur l'autre face, taillée, retouches et éclats d'utilisation sur les trois bords. Encoche à la base.

3. Sainte-Pexine. — Dans ce bourg, situé sur la rive gauche du Lay, au nord de Bessay, M. Ph. Rousseau a aussi trouvé, près du Lay, dans une anfractuosité de rocher, plusieurs pièces intéressantes.

([1]) Un des éclats trouvés à Simon-la-Vineuse, celui de La Gravelle (lieu dit, d'ailleurs, très voisin de la rive Nord), est de roche identique.

1º **Lame-Grattoir.** — Citons d'abord une lame, mince et plate, en silex à patine blanc bleuâtre; peu patinée, cassée à la pointe (avec fracture patinée); bulbe de percussion.

Elle a certainement été *utilisée* comme *Grattoir* concave. Sur un bord près de la base, forte encoche de 25 mm × 10 mm, dont le silex n'est pas patiné (il y paraît très bleu); on y voit de petites retouches. L'autre bord est cassé (à cassure patinée).

Il semblerait que *l'encoche* est plus récente que la patine d'origine; mais cela doit tenir à ce que seules les retouches ne se sont pas patinées.

Cette pièce me paraît *moustérienne*, surtout en raison du voisinage de Sainte-Pexine de Bessay et Simon-la-Vineuse. L'altitude du Lay est là d'environ 20 à 30 m. au niveau d'*alluvions anciennes* (*a'*) importantes, remontant jusqu'à la cote de 40 m. sur la rive Sud.

2º **Lame-Couteau.** — Grande lame, allongée, en silex à patine blanc-grisâtre; intacte; à petit bulbe de percussion. Elle paraît avoir été utilisée comme *Couteau* sur ses deux bords. Trouvée par M. Ph. Rousseau, dans un rocher près du Lay. A la coupe elle est nettement triangulaire, si bien qu'elle ressemble à certaines *grandes lames aurignaciennes* ([1]).

Dimensions. — Longueur, 0,120 mm; épaisseur maximum, 0,015; largeur, 0,045. — *Poids* : 170 g. — Collection personnelle. — Elle est certainement du *Moustérien supérieur*, si elle n'est pas *Aurignacienne*. Elle ressemble aux silex de La Quina (Charente).

3º **Couteau.** — Une petite *lame* en silex un peu plus bleuâtre, à bulbe de percussion, ayant subi deux ou trois retouches, d'une belle patine onctueuse paléolithique, est si fine (épaisseur : 0,007 m) qu'elle semble plutôt du *Paléolithique supérieur*. Elle a été trouvée par M. Rousseau et fait partie de ma Collection.

C'est une lame qui a servi de *couteau* sur ses deux bords (retouches d'utilisation: très petits éclats); mais elle est cassée. Pour une largeur de 0,025, elle n'a que 0,055 de long. Le côté que nous possédons est celui qui correspond au talon.

Provisoirement, je la place aussi dans le *Moustérien supérieur*, en faisant, d'ailleurs, les réserves voulues pour l'*Aurignacien*.

4º **Autres lames.** — Il faut en rapprocher *deux* autres *lames*, moins typiques, trouvées à *Péault*, lieu voisin.

a. Une *Lame* allongée, en silex bleuté, à patine blanche, courbe (nº **257**).

b. Une *Lame*, élargie (nº **239**), en silex blond pâle, cassée à la pointe.

Remarques. — Ces découvertes m'ont donné l'éveil; et c'est de ce côté, désormais, qu'il faudrait chercher, si l'on veut trouver du *Paléolithique supérieur*, et surtout de l'**Aurignacien**.

([1]) Lame ayant une certaine analogie, malgré la différence de la roche, avec une pièce citée, de Saint-Cyr-en-Talmondais, *in* Collection Chartron (1ᵉʳ Mémoire, p. 58; note 2).

Nous sommes d'ailleurs, à Sainte-Pexine, à une *altitude* assez élevée : environ 45 m à 60 m.

4. SIMON-LA-VINEUSE. — La collection Ph. Rousseau s'est enrichi récemment d'une pièce intéressante, qui est bien caractéristique du *Moustérien supérieur* et qui ressemble aux silex de La Quina (Charente). Il s'agit d'une ébauche de *grand Grattoir*.

1° GRATTOIR. — Ce spécimen a été trouvé dans un champ au-dessus de La Papaudière, c'est-à-dire à l'altitude d'environ 50 m, sur l^s (Lias) entre la Smagne et le Lay.

Il représente un *Grattoir*, réduit à sa plus simple expression, en silex bleu, présentant une patine bleuâtre.

En réalité, c'est un fort éclat à cortex, ayant subi un commencement de travail pour en faire un grattoir, qui pèse 63 grammes. *Volume*, 3 cl; *Densité*, 2,1. Il est de forme ovalaire. Il est épais au maximum et à son centre de 15 mm. pour une longueur de 75 mm, et une largeur de 50 mm. La face d'éclatement n'a aucune retouche, de même qu'un des bords, mais un cône de percussion. La base a été percutée pour être amincie légèrement, du côté de la face à cortex. Un des bords, mais seulement dans sa partie moyenne, a été retouché en grattoir, du côté de la face convexe, sur laquelle plusieurs éclats longitudinaux avaient été enlevés au préalable.

Ce qu'il y a de curieux, c'est que ces retouches ne sont pas *patinées*. Cela tient-il à ce qu'il s'agit d'un éclat *simple*, moustérien, d'abord abandonné sur le sol, puis repris, pour être travaillé, assez longtemps après, au *Moustérien supérieur*. C'est fort possible, mais non prouvé évidemment, puisque certains silex ne semblent pas se patiner.

2° ÉCLATS. — M. Ph. Rousseau a trouvé aussi, à Simon-la-Vineuse, diverses pièces, paraissant *moustériennes*.

1° Un *éclat*, en silex bleuâtre, à patine blanche, qui a pu être utilisé comme *Couteau* sur un bord très mince et concave (petites retouches d'utilisation, localisées sur 50 mm).

2° Une *lame*, en silex blanc bleuâtre, à patine bleuâtre, à cône de percussion, un peu concave, plus longue que large, avec reste de cortex, qui paraît avoir été utilisée comme Couteau sur ses deux bords. Cette pièce provient de *La Gravelle*, sur les bords de la Smagne, qui a déjà fourni une pièce fort intéressante, antérieurement décrite (Altitude : 30 m).

3° Un *éclat*, utilisé comme *Couteau*, avec petite encoche, silex bleu. Patine légère, bleuâtre. Très petites retouches d'utilisation. Pièce trouvée dans un champ au-dessus de *La Papaudière*, comme le Grattoir ci-dessus.

4° Un autre éclat, en forme de *lame* plate, trouvé dans la même commune, me paraît aussi de cette époque, plutôt que Néolithique, en raison du silex et de sa patine. Il a été aussi *utilisé* comme Couteau sur son bord mince; l'autre épais de 5 mm est intact.

5º J'y ajoute cinq éclats : un *utilisé*, en silex bleuâtre; un ayant été au *feu*, craquelé (très douteux); trois éclats à patine jaune (très douteux) ([1]).

3º *Conclusions*. — Il résulte de ces nouvelles trouvailles qu'il existe bien une STATION MOUSTÉRIENNE à Simon-la-Vineuse et Bessay, c'est-à-dire sur le haut plateau, de 5o m d'altitude environ, qui s'étend du confluent de la Smagne et du Lay, à Simon-la-Vineuse, près Bessay.

5. ENVIRONS DE MAREUIL-SUR-LE-LAY. — GRATTOIR DOUBLE. — 1º *Origine*. — Une pièce moustérienne curieuse (*Fig.* 9) fait actuellement partie de la Collection de mon ami Lucien Rousseau (Cheffois, V.)

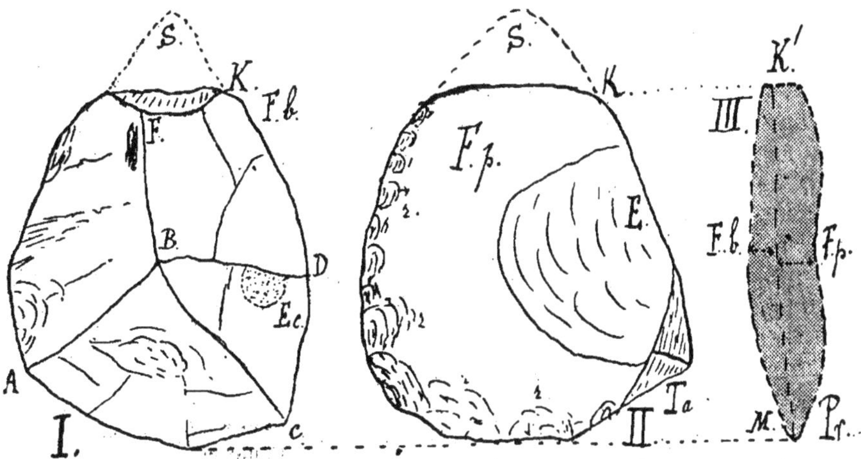

Fig. 9. — COUP-DE-POING. — *Moustérien* (Vendée). — Échelle : ? grandeur. — *Légende :* I, Face *bombée* (F. *b.*); — II, Face *plane* (F. *p.*); — III, *Profil* (Pr.); — FBC, Ligne de faîte; — AB, BD, BC, Arêtes secondaires; — K, K', Cassure; — S, S', Sommet; — E, Grand éclat; — *r*, Retouches; — Ta, Talon; — M, Base; — Ec, Écorce

(nº **27**). Malheureusement sa *localité* précise d'origine est inconnue. Tout ce que l'on sait, c'est qu'elle est *sûrement* de la Vendée, et, *probablement*, de la région du confluent du Lay et de la Smagne ou des environs de Mareuil-sur-le-Lay.

2º *Roche*. — Elle est en *silex* gris jaunâtre et analogue au petit Coup-de-poing de Tiffauges. Malheureusement, la *pointe* est cassée; et la pièce ne pèse que 75 gr. à l'heure présente; entière, elle devait atteindre au moins 85 gr. (*Fig.* 9).

3º *Description*. — *a*. Elle est *taillée sur les deux faces*; pourtant la face plate n'est retouchée que partiellement. Les *dimensions* sont les suivantes : Longueur maximum (après *cassure*), 0,063 mm; longueur *totale* probable, 0,085 mm; largeur maximum, 0,058 mm; épaisseur maximum, 0,015 mm.

([1]) Peuvent être *Néolithiques*.

b. La face *bombée* (*Fig.* 9; I) n'a pas de ligne de faîte bien marquée, mais présente un sommet central (B), d'où partent quatre arêtes (BF, BD, BC, BA), qui déterminent quatre facettes. Un peu d'*écorce* du silex persiste en Ec., sur la facette latérale inférieure droite BDC. Cette face a une patine blanchâtre.

c. L'autre face, dite *plate* (*Fig.* 9; II), en réalité un peu concave, a une patine gris jaunâtre, donnant une sensation argileuse au toucher.

La pièce a donc *deux patines*. Elle ne présente pas de bulbedepercussion classique, mais un talon assez net, et un grand *éclat* d'un côté (E) (¹).

Au pourtour du talon, et de l'autre côté, nombreux petits éclats (*r, r'*), indiquant une *retaille* sur la face d'éclatement.

d. Le *profil* de la pièce (*Fig.* 9; III) montre qu'elle est peu épaisse, et surtout que le sommet de la face bombée est peu saillant.

4° *Nature.* — Ce caractère rapproche cette pièce plutôt de la fin de 'Acheuléen que de la fin du Moustérien. Par conséquent, on pourrait être tenté de la placer dans le Moustérien ancien. Mais elle possède la *face d'éclatement* typique du Moustérien moyen classique; on doit donc la considérer comme une proche parente de la précédente de Tiffauges.

Et ce doit être aussi un *double Grattoir*.

6. PUYMAUFRAIS. — LAME-COUTEAU. — Dans des rochers du bord du Lay, M. Ph. Rousseau, à Puymaufrais, a trouvé une pièce, qui peut être *moustérienne* de par sa patine et sa roche. — C'est une lame, épaisse, dont le dos est constitué par l'écorce d'un silex blond gris, du poids de 5o g, ressemblant à un Couteau. Une face plane; une face taillée à éclats plutôt d'aspect acheuléen. Mais, sur un bout, il y a *trois retouches*, voulues, qui rapprochent l'objet d'un Grattoir aurignacien. Longueur, 11o mm; largeur, 25 mm; épaisseur, 15 mm. Le bord tranchant a de nombreuses retouches.

III. — STATIONS DU HAUT-LAY.

1. SAINTE-CÉCILE. — 1° PERÇOIR (?). — Aux Chaffauds, près du Château de *Bordevaire*, sur la rive gauche du Petit Lay, a été trouvée, par M. Ph. Rousseau, une sorte de *fuseau* triangulaire, avec une face plane d'éclatement, en forme de *Perçoir*, mais à pointe non préparée. Les angles présentent des traces d'*écrasement* nettes, pour les deux faces retaillées. Ce silex blanc gris, à longues traînées de rouille sur la face plane, atteint 1o cm de longueur pour 3o mm de largeur et 3o mm d'épaisseur.

La pièce, pouvant être Néolithique, reste discutable jusqu'à nouvel ordre.

2° COUTEAU. — Au voisinage d'un rocher entre La Javelière et Les Chaffauds, près de Sainte-Cécile, M. Ph. Rousseau, en 1913, a trouvé un

---

(¹) Peut-être est-ce cet éclat qui a fait disparaître le bulbe?

éclat, qui me paraît pouvoir être classé dans le Moustérien, en raison de sa *forme* et de sa *patine*. Cette pièce est aujourd'hui dans ma Collection.

Il s'agit d'une lame, triangulaire, très peu épaisse, avec cône de percussion très net et esquille de percussion bien marquée.

Elle mesure 70 × 55 mm. Son poids est de 85 g. Une face est absolument sans retouche, presque plane. L'autre face montre que cet éclat est détaché d'un nucléus, ayant subi déjà plusieurs enlèvements de lames. La base est *retouchée* à petites retouches, de façon voulue, pour être bien en main.

La roche est en silex bleuté, certainement *local*, probablement jurassique (bleu pâle avec veinules blanchâtres). Pas de tache de rouille (comme pour le Néolithique). La patine est surtout marquée à la face qui n'a pas de trace de travail; elle est différente de la patine des pièces néolithiques de cette région, point qui a déterminé mon diagnostic.

Il s'agit donc bien d'une pièce *paléolithique*, qui a probablement servi de *Couteau* des deux côtés; mais la pointe de ce triangle presque isoscèle est cassée.

IV. — Bassin du Troussepoil (*Ancien Chaon*) (*Le Bas Lay*) (¹).

Angles. — Mon excellent ami, M. E. Bocquier (de Bressuire), a trouvé, en 1913, à Angles, *trois* silex taillés, que je crois devoir signaler, car ils ont bien tous les trois l'apparence et la patine de pièces *paléolithiques*.

S'il est impossible d'être absolument affirmatif pour deux d'entre eux [un silex (²) *néolithique* (un gros éclat) ayant été recueilli par le même savant à Angles dès 1907], provisoirement je place ces trois silex au *Moustérien*, car l'un d'eux est indiscutable.

1º Lame. — Lame allongée, à face d'éclatement un peu concave, plane à patine *bleuâtre* et cacholonnée par place; à face supérieure à plusieurs éclats, bien cacholonnée. Cette lame a été utilisée sur ses bords comme *Couteau* et *Racloir*; car, sur l'un d'eux, il y a une forte *Encoche* de 10 mm. de long sur 5 mm., typique. Dimensions : 65 × 35 × 5 mm. Poids : 18 g.

2º Éclat. — Éclat plus épais, à dos volumineux, cassé, à patine moins nette comme Paléolithique, et plus blanchâtre. A été utilisé comme *Couteau*, au moins sur une partie d'un bord, resté intact. Dimensions : 55 × 35 × 10 mm. Poids : 21 g. Sur la face d'éclatement, bien plane, bulbe de percussion avec esquille de percussion typique.

3º Racloir. — Le 14 septembre 1913, M. Ed. Bocquier, a trouvé à

(¹) Jadis le Troussepoil, le ruisseau actuel qui passe au Bernard, et qui rejoint désormais le Lay, par les Marais du sud d'Angles et de Moricq, était un affluent de l'ancien Kanentelos ou Sèvre Niortaise, actuellement le Pertuis Breton.

(²) Roche analogue à celle de certaines pièces du Moulin Cassé (Saint-Martin-de-Brem) et technique de la station de Saint-Gilles (gisement sous-marin).

Angles une pièce, qui établit, d'une façon définitive, l'existence, à Angles, d'une Station *moustérienne*, à rapprocher de celle, assez voisine, de Saint-Cyr-en-Talmondais. — Il s'agit, en effet, d'un Racloir, typique et indiscutable, vu sa ressemblance aux objets de même ordre de La Quina (*Fig.* 10).

Ce racloir est petit, car il ne pèse que 35 g. Il mesure 58 × 40 × 13 mm. Il est en *silex rose*, non cacholonné, et bien patiné sur ses deux faces.

a. La face *taillée* (*Fig.* 10; F.B) est divisée en deux parties par la ligne de

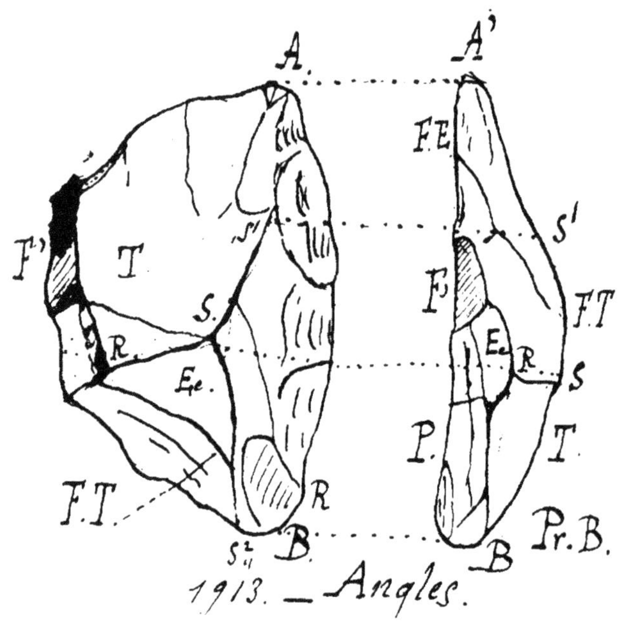

Fig. 10. — Racloir. — *Angles* (Collection E. Bocquier). — Échelle : Grandeur naturelle. — *Légende :* ABF', Face *taillée* (F. T.); — FE, Face *d'éclatement*; — P*r.* B, Profil; — P, Bulbe de percussion; — T, Talon; — S, S', S², Ligne de faite; — F', Bord épais, plan de frappe; — R, Retouches; — Ec, Écorce du silex.

faite S, S¹, S², avec sommet en S; la partie E c présente de l'écorce du silex.

Le *bord* R a de superbes *retouches*, de A en B. Il est presque droit. L'autre bord, plus irrégulier, a, en F', un plan de frappe typique.

c. La *face plane* d'éclatement (F. E.) est plane, à peine ondulée, avec léger bulbe de percussion visible au-dessous du plan de frappe (B. P.).

La pièce est admirablement en mains.

4° *Conclusions.* — A mon avis, il n'y a donc aucune réserve à faire sur la Station moustérienne d'Angles; elle existe certainement !

V. — Bassin de la Vie.

Aizenay. — Lame. — La collection Ph. Rousseau (de Simon-la-

Vineuse) renferme un fragment d'une grosse lame, que, provisoirement, je classe dans le Moustérien supérieur, mais qui ressemble singulièrement à certaine des grandes et larges lames, trouvées dans le nord de la France, et rangées par M. Commont dans l'Aurignacien. Cette pièce se rapproche d'ailleurs un peu de celle de la collection Chartron, que j'ai citée; mais elle est beaucoup plus épaisse et en roche très différente. — Ce qui m'empêche de la placer dans le Néolithique.

Localité. — Elle a été trouvée à Aizenay, un peu à l'Ouest par conséquent de La Roche-sur-Yon, dans une région où l'on n'a jamais signalé encore de Paléolithique ! — L'altitude est de 60ᵐ environ. — N'y aurait-il pas là erreur de localité?

Roche. — D'ailleurs la nature de la roche m'étonne un peu également.

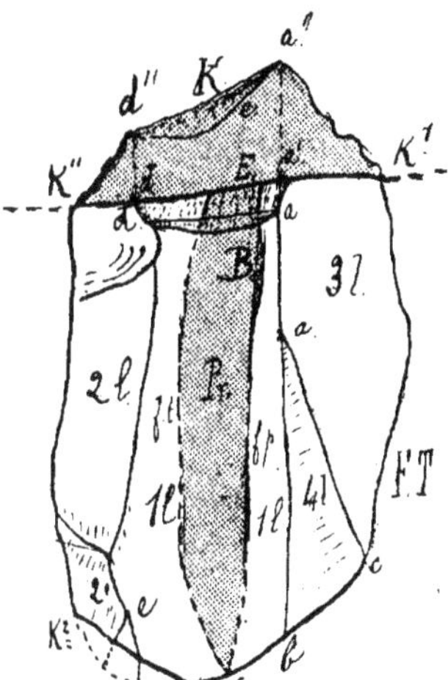

Fig. 11. — LAME. — *Aizenay.* — Échelle : ½ grandeur. — *Légende :* K', K", Cassure; — K, K', K", *Coupe transversale;* — e, Ébréchure; — d, d', d", a a', a", Limites des arêtes *ae* et *ab*; — FT, face *taillée;* — Pr, *Profil;* — t, sommet; — l, Lames enlevées (1, 2, 2¹, 3, 4); — K², *Cassure; — fp,* Face *plane.*

Il s'agit d'un silex bleu noirâtre, à patine gris rose, dont un peu de cortex est conservée (*Fig.* 11). On dirait un silex du *Lias.*

Or Aizenay est sur granulite et sur schistes à séricite, en plein terrain primitif.

Les gisements de Lias les plus rapprochés sont à Olonne et à Chantonnay, c'est-à-dire à près de dix lieues au Sud et à l'Est.

Il est bien extraordinaire que les Paléolithiques aient transporté aussi loin des *nucléus* ou des *lames.*

La pièce pèse 130 g. Volume: 5 cl. Densité: 2,6. Elle mesure 95 × 70 × 15ᵐᵐ au maximum : ce qui constitue une lame fort large et lourde. Comme elle est *cassée* à une extrémité, de façon indiscutable (cassure non patinée), elle devait être plus longue et dépasser 100 à 120 mm.

a. La *face d'éclatement* (f. p.) est absolument plane (*Fig.* 11 ; Pr); mais, cependant, sur un point, situé près de la cassure, de l'un des bords, sur une étendue de 20 mm, il y a une demi-douzaine de petits éclats ou retouches d'utilisation, qui montrent que cette lame à servi à couper ou racler.

b. La *face convexe* (F. T.) correspond à quatre lames minces, antérieurement enlevées presqu'à la mode néolithique, larges de 25 mm à 30 mm (*l*).

Taches de *rouille,* sans éraflures de charrue : ce qui prouve que, même dans un sol de terrain primitif, il peut y avoir du fer, capable de les provoquer. Fines ébréchures en divers endroits sur les bords.

Cette pièce m'a beaucoup intrigué et comme époque et comme localité. Il faut attendre, avant de se prononcer à son sujet, car, actuellement, elle me paraît impossible à dater scientifiquement.

Conclusions.— Ce troisième Mémoire ne fait connaître que deux pièces, intéressantes, d'un gisement ACHEULÉEN connu : celui de Simon-la-Vineuse, qui, peu à peu, va devenir une véritable *Station*.

Mais, pour le MOUSTÉRIEN, il apporte, en dehors de pièces inédites dans des gisements déjà signalés, des faits inconnus jusqu'alors : l'existence très probable de silex de cette époque dans le bassin du *Petit Lay* (Sainte-Cécile), les affluents *vendéens* de la Sèvre Nantaise, et le bassin de la *Vie!* — Cela a une réelle importance, car cette constatation permet de relier le *Grand Lay* à la *Sèvre Nantaise*, par ses affluents de la rive Ouest, et par le *Petit Lay* d'une part, et, d'autre part, le bassin du *Havre de la Gachère* à la *Sèvre Nantaise*, par celui de la *Vie*. — Il en résulte que, très probablement, à l'époque moustérienne, toutes les vallées de la Vendée ont été habitées. Nous n'avons plus qu'à découvrir les véritables *Stations*, sans doute enfouies dans les limons des Plateaux, qui se sont formés depuis le Paléolithique inférieur, avec ou sans transgression marine au Paléolithique supérieur.

De plus, certaines pièces du haut bassin du Lay indiquent presque de l'*Aurignacien!* Et cela est de meilleur augure pour les chercheurs à venir, au moins en ce qui concerne le *Paléolithique supérieur* de la *Haute-Vendée*, toujours aussi inconnu, d'ailleurs, que celui de la *Vendée maritime!*

PARIS. — IMPRIMERIE GAUTHIER-VILLARS,

54274   Quai des Grands-Augustins, 55.